ARRÊTÉS

DE LA SECTION
DU THÉATRE-FRANÇAIS.

Et opinion d'un de ses Membres sur les compa-
gnies centrales et les gardes françaises.

Les délibérations d'une commune sont sa-
crées, quand elles ont soutenu la liberté
et servi de gage à ses héros.

(*Extrait du discours.*)

Extrait des registres des délibérations, des 14 et 18
octobre 1789.

L'ASSEMBLÉE générale légalement convoquée,
un Citoyen a demandé la parole et a dit :

Paris doit les grands jours de la révolution,
et peut-être, la révolution elle-même, aux
valeureux gardes françaises et aux soldats qui
se sont réunis à eux; ils forment tous aujourd'hui
les compagnies centrales : Les premiers, habi-
tués depuis des siècles à vivre parmi nous, y
avoient des enfans, des amis et des pères ;

A

par conséquent, ils étoient citoyens avant d'être des héros, ou plutôt, ils ne seront toujours que citoyens, puisque ce titre seul en fait nos amis et nos frères.

La patrie, leur doit sa gloire; la cour, sa honte; et cette capitale, son salut et sa fortune. La discipline des gardes, leurs mœurs, leur union avec le peuple, leur méritoient notre estime avant la révolution : mais quel a dû être, quel a été notre attachement pour eux, lors qu'enflammés de civisme et de courage, ils ont abandonné le repaire du despotisme pour accourir ici écraser ses odieux remparts?

Existeroit-il aujourd'hui un patriote, la reconnoissance et l'amour seroient-elles nos vertus chéries si nous nous séparions de ces hommes courageux, qui ont si audacieusement fait pâlir la tyrannie et si profondément épouvanté les esclaves des rois ? Cependant, ils sont aujourd'hui sous la main du pouvoir qu'ils ont renversé; à son moindre signal, il faudra qu'ils quittent la capitale, pour être, peut-être les premiers objets de ses vengeances.

Les conquérans de notre liberté n'ignoroient pas la puissance de l'hydre qu'ils terrassoient; ils n'ignoroient pas qu'ils ne reprendroit ses

forces , qu'il ne remettroit en jeu ses manœu-
vres , que pour persécuter , exiler , ou pros-
crire , faire égorger même ses destructeurs :
mais , ces soldats patriotes voyoient des hommes libres , des citoyens , un peuple entier
coopérateur de leur victoire ; mais *un contrat
sacré se passsoit entr'eux et lui dans tous les
districts de la commune* , ils s'en croyoient
inséparables , et dégagés pour jamais de leurs
tyrans.

Quelle nation le croira ! Des *dez* viennent de
décider que la plus grande partie de ces soldats
n'étoient plus notre garde spéciale ; que quel-
ques-uns , seulement , seront admis dans la
garde sédentaire de cette cité. Ce hazard ridi-
cule du sort pourra-t-il nous détacher des engagemens solemnels que nous avons pris envers eux ? Pourra-t-il , tout-à-coup , les priver
de leurs amis , leur faire abandonner leurs
épouses , leurs enfans ; car vous savez , que
la plupart sont établis et ont un petit com-
merce.

Si nous souffrions une telle injustice , un
acte aussi insultant pour des ames loyales et
courageuses , nos défenseurs , les premiers
Héros que compte la liberté , auroient à re-

gretter d'avoir été les sauveurs de la France
Arrachez par nous à leur vie domestique dont
le despotisme tenta envain de les priver, sé-
parés de ce qu'ils ont de plus cher, éloignés,
sur-tout, des monumens de leur gloire, des
compagnons de leurs conquêtes, leur patriotisme ne leur auroit servi qu'à les priver de
tout ce qui nous fait aimer la patrie, de tout
ce qui attache le citoyen à la *grande famille*,
par le bonheur qu'il trouve dans la sienne.

Nous serions bien coupables aux yeux de la
postérité si les premières armes qui ont servi
à conquérir la liberté ne restoient pas dans les
mains des hommes qui les ont si dignement illus-
trées. Le devoir d'un peuple libre est de signaler
toute sa reconnoissance pour ses défenseurs :
quelles vertus, quels grands sentimens ne doit-
il pas déployer quand un lâche ressentiment
ou une politique infame cherche à les sacrifier
en secret ! Oui, nous ne pouvons nous le
déguiser, les gardes françaises, tous les soldats
patriotes ont été depuis la révolution, et sont
encore le fléau et l'horreur d'un monstre cour-
tisan, et de quelques intrigans subalternes
qui les ont divisés, molestés, trahis, empri-
sonnés ; enfin, qui par des moyens odieux,

des menaces impudentes , et des ordres des-
potiques, ont tout employé , ont tout fait pour
s'en débarrasser , et nous ravir les plus ver-
tueux.

Y seroient-ils donc parvenus ?

Parcourons maintenant quelques considérations d'intérêt public. Voyons la troupe centrale , les gardes françaises , toujours nos amis ,
frapper de stupeur et d'effroi le perfide cons-
pirateur qui oseroit reparoître parmi nous.

Sans diminuer de ce que nous devons à nos
défenseurs, considérons les encore sous quelques
rapports généraux : n'oublions pas cette vérité ,
que le régiment des gardes a porté toutes les troupes de France , par son exemple , son civisme et
le succès d'une victoire commune , à l'imiter , à
se montrer , comme eux citoyens , comme eux
destructeurs du despotisme , comme eux amis
du peuple et des loix.

Graduons les effets que leur salutaire insur-
rection opère dans nos troupes , les sentimens
de patriotisme qu'elle y a nourri : voyons les
régimens , encore travaillés par les officiers ,
se représenter à chaque vexation , à chaque
peine morale et humiliante que ces êtres vains
leur font éprouver , l'heureux sort de nos

compagnies , les applaudissemens et l'estime qu'elles recueillent de leur civisme et de leur union : admirons les sublimes effets de la re- connoissance ! Tous le soldat se réjouir , de- sirer se mêler avec les patriotes , voir dans chaque Français celui qui soutiendra la révo- lution , dans nous et leurs camarades les con- quérans de la liberté..... Mais...., craignons de porter le militaire à réfléchir sur les circons- tances présentes ; nous aurions une donnée bien différente en raisonnant sous le même rapport.

. Le même soldat , frappé , tout-à-coup , de notre légéreté , de notre ingratitude , diroit : « Quoi ! les Parisiens , dont les gardes ont si » vaillamment défendu la fortune et la vie , » les Parisiens les abandonnent , les repous- » sent loin d'eux.... ; mais nos despotes » n'étoient pas plus injustes que de tels » citoyens.

. Je vous laisse à juger , tous les malheurs qui naîtroient si vous donniez un sujet si juste de se plaindre de vous. Quel funeste exemple que l'ingratitude ! l'irrésolution , le dégoût , la haine même pourroient en être la suite. Les troupes nationales craindroient toujours d'avoir à faire à des Parisiens dans les grands coups quelles seroient disposées de porter à d'autres tyrans.

Eh ! dans quel moment arracheroit-on les compagnies du centre de nos murs ? Celui où nous avons plus besoin que jamais de force , d'union et d'amis : celui où l'augmention subite du pain pourroit occasionner des troubles qui nous feroient craindre , si des hommes inconnus entouroïent nos foyers , si une cavalerie nombreuse et jusqu'à présent commandée par des chefs ennemis déclarés du peuple , n'avoit plus de frein , que l'audace et l'inhumanité dont elle a donné des preuves si cruelles au massacre du Champ de Mars.

Dans le moment , que la législature nouvelle est à peine rassemblée , quelle peut être inquiétée par la cour , qui n'y trouve pas autant d'affidés que dans la première ; lorsqu'elle n'a pas encore toute l'attitude qu'elle prendra quand chacun des membres se connoîtra et concourera en commun , à la perfection des loix et au maintien de la liberté.

C'est à l'approche des élections , quand les émigrations les plus multipliées achèvent de tirer de ïa capitale le peu de numéraire qui y reste ; au moment où les subsistances peuvent devenir très-rares par les mauvaises spéculations de notre *malveillante* municipalité ; enfin, c'est aux approches de l'hiver qu'on voudroit nous ôter nos forces et nos incorruptibles amis.

Mes concitoyens, si vous laissez agir impérieusement vos mandataires, s'ils peuvent impunément commettre toutes sortes d'injustices, exercer toutes les vexations qu'il leur plaira, il s'ordonnera plus d'un crime en votre nom : continuez à voir et à penser par eux, où d'après leur politique, et il ne s'élèvera pas un seul homme public parmi vous : des ames glacées et craintives ne seront jamais libres. Si ceux qui disposent de vos fortunes peuvent disposer de la liberté, peuvent étouffer la vertu et persécuter vos défenseurs, nous n'avons plus de patrie. Ne soutenons pas plus long-tems les ressorts de leur ambition, où nous n'aurons que des oppresseurs qui feront trembler un peuple timide et trop confiant. Soyez donc, je vous en conjure, au nom du salut public, bien scrupuleux dans les élections qui vont commencer.

De la courte analyse qui va terminer ce

discours naîtra la pétition que je vons pro-
poserai.

L'assemblée constituante n'a pu , et n'a pas
en effet prononcé par un décret constitutionnel
sur le sort de la troupe centrale. La constitution porte que les décrets relatifs à une ou
plusieurs municipalités seront réputés réglé-
mentaires ou de police , et pourront être modi-
fiés par les législatures suivantes. Nous avons
donc le droit d'émettre notre vœu à la session
actuelle. Il sera , tout me l'assure , celui de la
capitale.

Je le propose ainsi :

Exposer à l'assemblée nationale , que nous
gémissons de voir les premiers coopérateurs
de notre liberté , les premiers soldats de la
patrie , dans l'alternative cruelle de quitter la
capitale , au premier caprice du pouvoir ty-
rannique qu'ils ont détruit , et qui ne pardonne
jamais ; de la quitter , tandis qu'ils auroient
pu être admis dans les corps que l'on y con-
serve.

Témoigner que la nation verroit avec douleur que nous abandonnions des soldats patriotes , les gardes mêmes , qui sont les plus
cruels ennemis du despotisme,

Prier l'assemblée nationale de considérer le mode le plus propre à les conserver.

Lui demander quelle les invite *au nom de la reconnoissance*, à ne pas quitter la capitale, et à ne contracter aucun engagement.

Ordonner à la municipalité de les laisser dans leurs casernes respectives, jusqu'à ce que la commune dans ses sections, ait émis son vœu qui sera motivé ; premièrement sur la nécessité de créer, ou non, une troupe légère et les autres régimens mentionnés au décret.

Secondement, s'il ne conviendroit pas, au contraire, de réduire les bataillons de Paris à 48, composés de 80 hommes par compagnie centrale, ce qui ne formeroit pas plus de 3840 hommes, lorsque ces compagnies seroient au complet. Troisièmement, s'il ne conviendroit pas en même tems de réduire la cavalerie au plus petit nombre possible : le peuple le demande à grands cris. Qu'on se garde de l'écraser davantage.

Dans tous les cas, conserver les compagnies centrales pour la garde sédentaire de cette cité, quelque corps que l'on forme ultérieurement.

Une telle pétition est digne de fixer l'atten-

tion de nos législateurs. Combien ne s'empres-
seront-ils pas de recueillir un vœu d'où dépend,
peut-être , le salut de cette capitale , un vœu
inspiré autant par l'intérêt public , que par
la plus étroite fraternité et la plus juste reconnoissance.

Quels seroient les députés qui verroient sans
douleur , les sauveurs de leurs prédécesseurs ,
les amis et la gloire de la nation , lâchement
renvoyés de la cité où ils ont acquis un asyle
et des monumens éternels de reconnoissance !
Les ennemis des tyrans , les gardes françaises
et le peuple , devroient être la garde unique et
respectable du sénat.

Le vœu que je viens de porter est digne de
la sollicitude de cette section , de cette assemblée intime de laquelle les premiers élans du
patriotisme , ont retenti dans une partie de
l'Europe , sous le nom de district des Corde-
liers , nom que je ne prononce plus sans at-
tendrissement, puisqu'il me rappelle sans cesse
les martyrs qu'il a eu , les plus chers défenseurs de la liberté qu'il a formés : il redouble
aussi ma haine profonde , ma haine implaça-
ble contre les despotes et les tyrans.

Vous n'oublierez jamais , mes concitoyens, que ce sont des soldats de l'armée qui investissoit cette capitale et ses environs , qui forme aujourd'hui les compagnies centrales : vous n'oublierez jamais que ces patriotes , se sont unis aux gardes françaises , qu'ils ont juré *comme eux , au milieu de vous , de ne quitter les Parisiens qu'à la mort , de marcher sous leur commandement , au nom de la patrie , et de mourir avec eux.*

Je dois en finissant vous prouver , que ces ciroyens sont , si je puis ainsi m'exprimer , une propriété inviolable de la commune. Ouvrez les registres de vos délibérations , reportez vous aux 3 , 4 , 7 et 18 août 1789 , vous verrez qu'à ces époques vous exprimâtes solemnellement votre vœu et votre attachement inséparable envers ces généreux défenseurs.

Les autres districts ont suivi la même marche. Depuis , la commune n'a point émis de vœu ni de sentiment contraires à ceux que je viens de vous rapporter. Rien ne nous a donc détachés de nos sermens , rien , n'a affoibli notre reconnoissance , ni le prix de

(13)

notre dette et de notre amour pour ces hommes , qui , aujourd'hui nous deviennent encore plus chers par les persécutions qu'ils ont
éprouvées , par l'idée de leur séparation d'avec
nous , et par la voie de l'histoire qui burine
déja notre ingratitude apparente , et le dé-
couragement et les malheurs qui en seroient
la suite.

Les délibérations d'une commune sont sa-
crées , quand elles ont soutenu la conquête
de la liberté , et servi de gage à ses héros ;
quand , sur-tout , l'intérêt de toute la nation prescrit de les observer. Mais j'affoibli-
rois leurs droits , je blesserois votre généreuse
équité si j'étendois davantage mes réflexions
et les principes. Il étoit cependant nécessaire
de rappeler les engagemens de la commune ,
pour appuyer plus fortement la pétition que
je vous propose. Croyez donc , que c'est
plutôt un hommage public que j'ai desiré ren-
dre à ces illustres citoyens , que votre reconnoissance et vos vertus civiques que j'ai
voulu réchauffer. D'ailleurs , je sais que nos
représentans partagent toute votre sollicitude.
Les plus connus s'occupoient hier de la

même pétition dans les sociétés patriotiques.

Je remets mon discours sur le bureau , et
prie l'assemblée de délibérer.

Ce 14 *octobre* 1791.

VINCENT.

L'assemblée , prenant en grande considéra-
tion l'opinion exprimée dans le discours des
autres parts sur la nécessité de conserver dans
la capitale les gardes françoises et autres compagnies du centre ; discours qui a mérité les
applaudissemens et tout l'intérêt de l'assemblée,
arrête , de nommer trois commissaires , pour
présenter un projet d'arrêté sur les bases et
d'après les principes y exprimés

Les commissaires sont , MM. Boucher de
St.-Sauveur , président , Vincent et Verrières.
La section s'ajourne à lundi. 17 pour entendre
lecture de cet arrêté. Elle a cru aussi qu'il con-
venoit de donner communication de cette opinion à la société des amis de la constitution,
et elle a nommé pour y accompagner de suite,

(15)

M. Vincent, MM. Verrières, Berger, Momoro,
Moulin, Favanne et Colibeau.

Signé, BOUCHER DE ST. SAUVEUR, *président.*

MOMORO, *secrétaire.*

***

Du 17 octobre 1791.]

L'assemblée générale de la section du Théâtre
Français, légalement convoquée en vertu de
l'ajournement arrêté à sa dernière séance, tant
sur les subsistances que sur le sort *dés compagnies centrales* de la garde nationale de Paris ;
après avoir entendu la lecture d'une opinion
très-intéressante sur cet objet, de laquelle il ré-
sulte entr'autres choses, que c'est dans cette
même salle que trente des ci - devant gardes
françoises, munis des pouvoirs du comité de sur-
veillance assemblé au gros cailloux, sont venus
exprimer le vœu du régiment, et jurer au nom
de leurs camarades, de rester inséparablement
unis à la commune de Paris ; qu'en consé-
quence, le même jour 3 août 1789, il fut pris
un arrêté tendant à aviser aux moyensles plús

prompts et les plus efficaces pour assurer le sort de ces braves soldats , et acquitter envers eux la reconnoissance qui leur est due par les citoyens de cette ville particulièrement, et en général par tout bon François ;

Que le lendemain 4 , par un autre arrêté , la municipalité fut priée d'assurer sur-le-champ et par provision , une solde journalière de 20 sols à chacun d'eux : ledit arrêté , ainsi que le précédent , envoyés aux 59 autres districts avec invitation d'y adhérer , etc.

Que le 7 il fut pris un autre arrêté pour inviter la municipalité de presser l'exécution du projet proposé par les députés du comité du Gros Cailloux.

L'assemblée , satisfaite d'un rapport qui lui rappelle les engagemens sacrés qu'elle a contractés avec ses généreux défenseurs , engagemens qu'elle n'a point oubliés et qu'elle auroit bien certainement opposé au décret du 5 août, sur l'organisation de la garde soldée de Paris, si le fatal décret du 10 mai n'avoit pas d'avance mis obstacle aux réclamations des citoyens, en paralysant les assemblées des sections.

Considérant que le décret du 5 août, remet sous la main des ministres du roi, des hommes qui ne se sont jamais dissimulé que leur généreux dévouement pour le salut public étoit un crime irrémissible, et dont ils auroient été sévèrement punis, si la révolution, à la quelle ils ont eu tant de part, n'avoit pas été suivie du plus heureux succès.

Que c'est pour se soustraire à ses haines et à ses vengeances, que ces braves soldats ont contracté avec la commune de Paris, et qu'ils ont pris l'engagement de vivre libre ou de mourir pour le maintien de notre liberté.

Que ce seroit faire injure aux citoyens de Paris, de penser que le sentiment de la reconnoissance, puisse être affoibli dans leur cœur ; mais que les circonstances critiques dans lesquelles nous nous trouvons, doivent nous avertir du danger ou Paris seroit exposé, si le décret du 5 août, qui la prive de ses *compagnies du centre*, pouvoit avoir son exécution.

Que garans envers la nation, de la sûreté de nos législateurs et de la personne du roi, nous devons demander à la législature l'abrogation d'une loi qui compromet notre sûreté, et qui nous exposeroit aux reproches bien mérités d'avoir abandonné nos plus fermes défenseurs.

L'assemblée , d'après ces considérations , *a arrêté* qu'elle présenteroit une pétition à l'assemblée nationale , à l'effet de la prier de vouloir bien abroger le décret purement réglementaire du 5 août , sur l'organisation de la garde soldée parisienne : ordonner que les soldats qui auroient demandé leur congé , ayent la liberté de rentrer dans leurs compagnies , et surseoir aux opérations déjà commencées , jusqu'à ce que la commune en ses sections se soit expliquée sur les changemens à faire dans l'organisation actuelle de la garde soldée de Paris.

L'assemblée a en outre arrêté que le présent arrêté sera imprimé avec l'opinion qui la précédé , et envoyé aux 47 autres sections , avec invitation d'émettre leur vœu ; aux 60 bataillons , aux 60 compagnies centrales , et aux sociétés patriotiques.

BOUCHER DE ST.-SAUVEUR , *président.*

MOMORO , *secrétaire.*

Du 16 *octobre* 1791.

La société des amis de la constitution , après
avoir entendu lecture de l'opinion qui lui a
été communiquée d'après l'arrêté ci-dessus , a
nommé MM. Garand de Coulon , Mittié , fils ,
l'abbé Fauchet , Bazire et Fourlupe , commis-
missaires pour en examiner les objets et en faire
le rapport à la séance de mercredi.

De l'Imprimerie du Cercle Social , rue du
Théatre-Français.